la case books

Jacopo Pezzan & Giacomo Brunoro

AMANDA KNOX
E IL DELITTO DI PERUGIA

AMANDA KNOX E IL DELITTO DI PERUGIA.
Jacopo Pezzan e Giacomo Brunoro

ISBN 978-1-953546-09-8

Copyright © 2022 LA CASE
Tutti i diritti riservati

LA CASE Books
PO BOX 931416, Los Angeles, CA, 90093
info@lacasebooks.com || www.lacasebooks.com

Nessuna parte di questo libro può essere riprodotta o archiviata in un sistema di recupero né trasmessa in qualsivoglia forma o mediante qualsiasi mezzo, elettronico, meccanico, tramite fotocopie o registrazioni o in altro modo, senza l'autorizzazione scritta esplicita dell'editore.

INDICE

Prove scientifiche e preconcetti .... pag. 7
I protagonisti ……….....…………………….. pag. 11
I fatti …….………………………………….. pag. 19
Le indagini ...….……………………………….. pag. 35
Le prime sentenze ...………………………….. pag. 65
Il processo d'appello ……………………….. pag. 77
Assoluzione definitiva …………………….... pag. 85
Appendice: Amanda Knox e la violenza nei media   pag. 89

Jacopo Pezzan & Giacomo Brunoro …………… pag. 103
LA CASE Books ………………………….….. pag. 105

PROVE SCIENTIFICHE E PRECONCETTI

Il caso del delitto di Meredith Kercher può essere riassunto con due espressioni: la prima è "prove scientifiche", e questo vale per tutto ciò che riguarda la parte giudiziaria della vicenda.

La seconda invece è una semplice parola, "preconcetti", e riguarda la gestione mediatica di questa brutta faccenda.

Nel diritto moderno infatti le prove e le ricostruzioni scientifiche hanno sempre più un ruolo decisivo, alcuni dicono addirittura troppo importante.

Certo è che accusa e difesa ormai lottano quasi esclusivamente su questo campo, cercando di demolire la tesi dell'avversario a suon di perizie e controperizie. E l'esito processuale di questo caso ne è l'ennesima dimostrazione.

Per quello che riguarda la gestione mediatica della tragedia non possiamo invece non notare come durante tutta la vicenda siano emersi alcuni dei più atavici, inconfessati ed a volte banali preconcetti e pregiudizi latenti nell'opinione pubblica.

Questo sia da parte dei media italiani, che hanno descritto per l'ennesima volta un certo mondo universitario con accenti a volte troppo marcati e al limite del ridicolo, ma anche da parte dei media e di una certa opinione pubblica statunitensi, che si ostinano a vedere fantasmi di anti americanismo ovunque quando le cose non prendono la direzione che vogliono loro.

Prove scientifiche e preconcetti: difficilmente si potrebbero immaginare due idee più diverse ed antitetiche. Infatti una è praticamente la negazione dell'altra.

Nonostante tutto questi sono i due binari su cui ha corso questa brutta storia iniziata a Perugia il giorno di Halloween del 2007, la notte delle streghe.

Amanda Knox e il delitto di Perugia

I PROTAGONISTI

Perugia è una piccola cittadina di circa 160.000 abitanti che si trova proprio nel cuore d'Italia. A differenza delle decine di città del Bel Paese più o meno simili per storia e dimensioni Perugia è sede della più antica università italiana per stranieri di tutta la penisola.

Proprio per questo motivo Perugia in qualche modo è una specie di metropoli in miniatura, un micromondo dove puoi incontrare ragazzi di ogni parte del pianeta. Vengono tutti qui a passare un periodo più o meno lungo di studio e, perché no, di divertimento.

Ma questa non è New York o Londra. Questa è ancora una cittadina in cui puoi girare a piedi o in bicicletta e dove quando vai a fare colazione 3 volte nello stesso bar alla fine ti conoscono per nome.

No, non è una metropoli questa e, nonostante i circa 30.000 studenti, 8.000 dei quali dell'università per stranieri, resta una bellissima cittadina di provincia italiana.

Amanda Knox

Amanda Knox è una ragazza americana di 20 anni nata e cresciuta a Seattle, nel nord della west coast degli Stati Uniti.

È arrivata in Europa nell'estate 2007. Per un primo periodo ha soggiornato presso alcuni parenti in Germania poi, insieme alla sorella   nel frattempo giunta dagli Stati Uniti, si è spostata a Perugia, dove ha deciso di cercare un alloggio per l'anno accademico che sta per cominciare.

Amanda infatti è una studentessa e di fronte a sé ha un intero anno di studio in Italia, dove frequenterà un corso di scrittura creativa.

Le due sorelle cominciano a cercare casa e dopo un po' Amanda conosce per pura casualità Filomena Romanelli, che condivide un grande appartamento in via delle Pergola 7 con un altra ragazza italiana di nome Laura Mezzetti.

Ci sono due camere sfitte, le ragazze stanno cercando delle coinquiline e la casa sembra perfetta per Amanda: si trova a due passi dall'università e ha pure un piccolo giardino.

La giovane studentessa statunitense non ci pensa due volte: firma il contratto e lascia un deposito in contanti felice di aver trovato abbastanza in fretta una sistemazione decorosa e, soprattutto, in compagnia di due ragazze con le quali si è subito sentita in sintonia.

Tutto sembra andare per il verso giusto e ci sono i presupposti perché l'anno scolastico sia davvero indimenticabile.

Le ragazze ripartono quindi per un paio di settimane di vacanze, Amanda tornerà poi a Perugia per l'inizio delle lezioni.

Meredith Kercher

In quei giorni un'altra ragazza, Meredith Kercher, saluta parenti ed amici a Coulsdon nei sobborghi di Londra e parte anche lei per andare a Perugia.

Ha vinto una borsa di studio Erasmus, il programma europeo di scambio studentesco che permette agli studenti di diverse nazioni di frequentare un anno accademico presso un'università straniera.

Si tratta di un progetto nato sul finire degli anni '80 al fine di favorire l'integrazione culturale tra le diverse nazioni della comunità europea e che, con il passare del tempo, ha raggiunto proporzioni enormi: ogni anno infatti centinaia di migliaia di giovani di tutta Europa partecipano al programma Erasmus.

Meredith è una studentessa modello, una ragazza molto seria ed organizzata. Prima di partire ha contattato Filomena Romanelli con una email dopo aver visto l'annuncio della camera libera sul sito dell'università.

Una volta arrivata a Perugia Meredith prende contatto con Filomena, visita la casa, le piace e decide di prendere in affitto l'ultima camera libera. Adesso la casa è al completo: Filomena, Laura, Amanda e Meredith hanno di fronte a loro un anno memorabile, ne sono tutte convinte.

Raffaele Sollecito

In quello scampolo di estate del 2007 Raffaele Sollecito è un ragazzo di 23 anni nato e cresciuto in provincia di Bari. Ha passato l'ultimo anno in Germania grazie al programma di scambio Erasmus.

Al rientro da questo periodo all'estero scopre che di non aver ottenuto un posto nella casa dello studente dove risiedeva abitualmente, così decide di mettersi alla ricerca di un appartamento. Alla fine ne trova uno non lontano da via della Pergola.

Rudy Guede

Rudy Guede, 21 anni, è un ragazzo nato in costa D'Avorio da dove era emigrato con il padre nel 1992 all'età di 5 anni.

Le condizioni di vita di Guede nei primi anni in Italia non sono state facili: il padre lavorava come muratore e i due certo non navigavano nell'oro, ma comunque avevano una vita dignitosa ed onesta. Il padre purtroppo si assentava spesso per lavoro, costretto anche a lunghe trasferte in cantiere spesso lontani, ma le cose comunque per loro due andavano abbastanza bene.

Durante queste assenze Rudy veniva affidato a diverse famiglie locali che si occupavano di lui con amore e rispetto. Ad un certo punto il padre di Rudy rientra momentaneamente in Costa D'Avorio per rinnovare il passaporto.

Nel suo paese però nel frattempo è scoppiata la guerra civile e l'uomo è costretto a trattenersi in Africa per un lungo periodo. Rudy viene quindi dato in affidamento ad una famiglia in grado di dargli stabilità ed un futuro. È così che Rudy finisce a casa della famiglia Caporali, una delle più ricche di tutta Perugia. Le cose però non vanno bene: i molti cambiamenti nella vita di Rudy non gli permettono di trovare una sua dimensione. Il ragazzo è confuso e presto finisce fuori strada.

I Caporali riescono a trovargli un lavoro come giardiniere ma Rudy non ce la fa. Rifiuta quel tipo di vita. Rudy non vuole accettare quel futuro che il destino sembra avere in serbo per lui.

Probabilmente è attratto da quelle migliaia di studenti di tutto il mondo, suoi coetanei e con i suoi stessi gusti, che immagina dediti esclusivamente ai divertimenti e svaghi.

I soldi per loro non sembrano mai essere un problema. La realtà è molto diversa ma lui non avrà il tempo di capirlo e di correggere i suoi errori. Rudy non si presenta al lavoro per parecchi giorni, dice di essere malato ma viene smascherato e licenziato.

È l'agosto del 2007.

Amanda Knox e il delitto di Perugia

I FATTI

Fermiamo la macchina da presa in questo preciso momento. Siamo alla fine dell'estate 2007. I 4 protagonisti di questa storia probabilmente non si conoscono. Forse Rudy e Raffaele si sono incrociati qualche volta prima di allora, in fondo Perugia è piccola, ma con ogni probabilità non si sono mai frequentati.

Amanda rientra a Perugia il 21 settembre. Le giornate ormai si stanno a vista d'occhio ma l'energia e l'elettricità portata da migliaia di studenti di tutto il mondo è qualcosa di palpabile e la città ne sembra quasi illuminata.

Rudy vive come può con i quattro soldi che è riuscito a mettere via con i suoi lavoretti. Spera di fare un salto di qualità in qualche modo e nel frattempo si confonde con studenti e ragazzi di ogni colore e nazionalità. Forse non sa nemmeno lui cosa vuole.

Meredith intanto è arrivata da qualche giorno a Perugia: la immaginiamo mentre finisce di sistemare i libri ed i pesanti dizionari che si è portata con sé.

Raffaele invece dopo l'esperienza in Germania si prepara ad un altro anno da studente a Perugia. Sono tutti più o meno sereni e carichi di speranze per il futuro.

La chiave del caso del delitto di Perugia sta tutta nelle prove scientifiche e negli orari, i due cardini sui sui si è basata l'intera ricostruzione della vicenda. Proviamo anche noi a ripercorrere gli avvenimenti seguendo questa prospettiva.

Mercoledì 31 Ottobre 2007

Halloween, la notte delle streghe, è una ricorrenza nordica legata al ritmo della terra e al cambio delle stagioni. Tradizionalmente viene festeggiata nei paesi anglosassoni dove bambini e ragazzi, travestiti da mostri e streghe, passano di casa in casa facendo scherzi chiedendo dolci. L'aspetto terrificante della festività, legato forse alla credenza che in quel giorno ci sia una sorta di passaggio temporale tra il mondo dei vivi e quello dei morti, ha ormai lasciato il passo a una tradizione più folcloristica e godereccia fatta di feste e grandi bevute.

Nell'ultimo decennio questa ricorrenza ha preso piede anche in Italia: del resto ogni occasione è buona per festeggiare e poco importa se Halloween appartenga o meno alla tradizione locale.

Proprio pochi giorni prima Amanda aveva portato per la prima volta in via delle Pergola il suo nuovo fidanzato, Raffaele Sollecito. I due ragazzi si conoscevano da poco ma tra loro era subito scoppiata una scintilla.

Come abbiamo ricordato è una serata di festa, in città il clima è elettrico. Il giorno dopo è festivo anche in Italia e per di più cade di giovedì, favorendo così la possibilità per chi lavora come Filomena e Laura di "fare ponte".

Entrambe hanno deciso di passare il week-end con i rispettivi fidanzati e non hanno intenzione di rientrare a dormire per un paio di giorni. Amanda invece ultimamente dormiva sempre da Raffaele per cui Meredith sarebbe stata sola in casa.

Quella sera Meredith va a cena a casa di Amy, una ragazza inglese come lei. Alla cena partecipano anche altre tre ragazze, tutte inglesi: Robyn, Sophie e Natalie. In quei mesi Meredith ha legato molto con loro e le 5 amiche escono spesso in compagnia. Meredith adora da sempre la festa di Halloween e non manca mai di travestirsi in qualche modo. Quel 30 ottobre è vestita da vampiro.

Dopo cena le 5 amiche vanno in centro per fare il giro delle birrerie aperte per brindare e divertirsi in compagnia. Del resto è quello che fanno un po' tutti gli studenti quella sera a Perugia.

Amanda invece va al club Le Chic di proprietà di Patrick Lumumba, un musicista congolese che vive in Italia da parecchi anni. Amanda tra l'altro lavora da un po' come cameriera part-time al Le Chic ma i modi di fare e gli atteggiamenti delle ragazza non sono piaciuti a Lumumba, che infatti non era soddisfatto del suo lavoro.

Ecco come descrive la cosa lo stesso Lumumba durante un'intervista televisiva a "Nero su Bianco":

«Il modo di lavorare di Amanda non mi piaceva più. Lei aveva parlato con un amico che poi mi ha riferito che Amanda voleva smettere di lavorare. Questo amico mi disse di averla consigliata di restare perché io, a differenza di altri proprietari di locali, pago bene e sono puntuale nei pagamenti. Allora io ho detto a questo amico che la prossima volta che Amanda ti dirà di voler lasciare il lavoro lasciala andare perché a me fa comodo così.

Secondo me Amanda lavorava male. A differenza che in un ristorante in un pub uno può venire per una birra e dipende dal servizio e da tutto e può finire col prendere 5 birre.

Viceversa uno può venire intenzionato a prendere 5 birre e finire col prenderne solo una perché il servizio non è buono.

Il modo di lavorare di Amanda era questo, uno arrivava ordinava una birra, lei gliela serviva e per lei la cosa era finita lì. Poi magari arrivava qualcun altro e si metteva a parlare. Chiunque ha un locale sa che non si devono far aspettare i clienti perché si sta parlando con qualcuno».

Tra i due dunque iniziano ad esserci dei segnali di gelo ma quel 31 ottobre Amanda poteva essere ancora considerata a tutti gli effetti una delle cameriere del Le Chic.

Rudy Guede quella sera è invece invitato ad una festa a casa di alcuni studenti spagnoli.

A mezzanotte circa il gruppo delle ragazze inglesi si trasferiscono al Merlin Pub, uno dei locali del centro storico.

Verso le 2 di notte Amanda lascia Le Chic: anche lei ha deciso di fare un salto al Merlin Pub. Dopo un po' rientra a casa di Raffaele Sollecito.

Gli spagnoli con Rudy al seguito arrivano anche loro al Merlin Pub. Forse Meredith e Rudy parlano per un po', forse prendono accordi per la sera dopo, nessuno però ricorda di averli visti conversare. Le ragazze inglesi e gli spagnoli si trasferiscono quindi in un altro locale non lontano, il Domus Delirii, dove continuano a ballare ed a bere fino alle 5 di mattina. Poi a poco a poco tutti rientrano a casa.

Nel complesso è stata una bella serata e tutti si sono divertiti.

Giovedì 1 Novembre

Amanda ha passato la notte da Raffaele, come del resto faceva ormai da alcuni giorni.

Alle 13:00 circa torna a casa sua in via della Pergola. Dopo un po' arriva anche Raffaele e i due fidanzatini cominciano a cucinarsi qualcosa, proprio mentre Meredith esce dalla sua stanza. Amanda la invita ad unirsi a loro ma Meredith ha degli altri progetti: è rimasta d'accordo con la sua amica Robyn infatti che sarebbe andata a pranzo da lei.

Alle 15:00 Meredith è pronta e, dopo aver salutato Amanda e Raffaele, esce diretta a casa dell'amica dove resterà fino alle 21:00 chiacchierando e mangiando in compagnia.

Dopo pranzo Raffaele ed Amanda invece si fumano un paio di canne. Quando decidono di trasferirsi a casa di Raffaele sono all'incirca le 17:00.

Verso le 17:30 una studentessa serba bussa alla porta di Sollecito per chiedergli un passaggio in macchina.

Sta ancora aspettando davanti alla porta quando sopraggiunge Raffaele: i due si mettono d'accordo e si salutano. Raffaele ed Amanda a questo punto vanno a fare un giro in centro e alle 20:18 Lumumba invia un sms ad Amanda: le dice che per quella sera non prevede molto lavoro al pub e che quindi non c'è bisogno di lei, può prendersi una serata libera.

I due fidanzatini fumano ancora un po' marijuana insieme, poi alle 20:35 Amanda risponde al messaggio di Lumumba quindi spegne il telefono fino al giorno dopo.

Verso le 20:45 la studentessa serba bussa nuovamente alla porta di Sollecito: questa volta lo vuole avvisare che non ha più bisogno del passaggio perché si era organizzata in un altro modo.

La ragazza parla però con Amanda che in quel momento si trova in casa di Raffaele.

Meredith, come abbiamo visto, lascia l'appartamento della sua amica dove era a cena verso le 21:00. Dopo pochi minuti rientra a casa.

Alle 22:00 la signora Elisabetta Lana riceve una strana telefonata: qualcuno dall'altro capo del telefono le dice di non usare il bagno perché ci sarebbe una bomba.

Le indagini successive stabiliranno che a fare quella chiamata è stato un ragazzino in vena di scherzi. Questo però la signora Lana non può saperlo: la telefonata l'ha impaurita e decide quindi di chiamare la polizia.

Gli agenti vanno a casa sua e, dopo aver verificato che non c'è nessuna bomba, la invitano a sporgere denuncia contro ignoti per quello stupido scherzo il giorno dopo in centrale.

Verso le 23:00/23.30, ma su questo orario non abbiamo certezze, la signora Nara Capezzali che abita a pochi passi da via della Pergola si alza per andare in bagno.

All'improvviso sente un urlo terrificante seguito dal rumore di passi confusi che si allontanano.

Ecco come ha raccontato l'episodio lei stessa ai microfoni della trasmissione Porta a Porta andata in onda il 19 gennaio 2009:

«Ricordo soltanto poche cose purtroppo. Ricordo che dovevo andare al bagno... ho sentito un urlo che mi sembrava lì per lì come se non fosse umano. Poi dopo ho sentito correre per la scala di ferro... questi non andavano piano correvano».

Venerdì 2 Novembre

È mattina e la signora Lana si prepara per andare a sporgere formale denuncia come consigliatole dagli agenti la sera prima.

La donna sta per uscire quando suo figlio trova in giardino un cellulare Motorola.

Poco dopo viene ritrovato un secondo telefonino, questa volta di marca Ericsson. La signora Lana si reca alla stazione di polizia dove oltre a formalizzare la sua denuncia affida agli agenti anche i due misteriosi cellulari perché vengano riconsegnati ai proprietari.

I telefoni contengono ancora le schede SIM. Dopo un rapido controllo i poliziotti risalgono agli intestatari delle schede: una di queste è Filomena Romanelli residente in via della Pergola 7, l'altra verrà identificata in Meredith Kercher.

I telefoni sono stati lanciati nel giardino della signora Lana forse nel tentativo di farli cadere nella scarpata poco distante, ma il lancio non è stato abbastanza potente e i due cellulari si sono fermati a pochi passi dalla porta d'ingresso della signora Lana.

Individuati i proprietari delle schede gli agenti si recarono personalmente in via della Pergola 7 per restituire i telefoni e chiarire se vi sia stato un furto ai danni delle due ragazze.

Questo è un particolare decisivo nelle indagini: infatti se i cellulari fossero stati lanciati con maggior forza ed avessero raggiunto la scarpata la polizia non sarebbe mai andata a casa di Amanda e Meredith quella mattina e tutta questa storia avrebbe sicuramente preso una direzione diversa.

Verso le 12.10 Amanda chiama Filomena, la ragazza infatti aveva due cellulari. Si scoprirà soltanto in seguito che l'altro telefonino della ragazza, quello ritrovata dalla signora Lana per intenderci, era stato prestato a Meredith dalla stessa Filomena. Amanda informa l'amica di aver dormito a casa di Raffaele quella notte. Una volta rientrata a casa però ha trovato la porta aperta, particolare quantomeno insolito: Amanda dice alla coinquilina che, nonostante un po' di paura iniziale, è entrata lo stesso in casa.

«Ho notato delle macchie di sangue in bagno... Poi ho fatto una doccia».

A quelle parole Filomena è esterrefatta.

Effettivamente in molti poi si chiederanno poi come sia possibile farsi con calma una doccia in una situazione del genere: una casa vuota, la porta aperta, addirittura delle macchie di sangue nella doccia! Non si può certo dire che si trattasse di una situazione "normale": eppure Amanda ha confermato più volte la sua versione. È entrata in casa e si fatta una doccia come se niente fosse.

Nonostante i numerosi tentativi di dare una spiegazione a questo bizzarro comportamento nulla di veramente convincente è stato mai detto al riguardo. Filomena comunque dice ad Amanda di chiamare la polizia e di accertarsi che Meredith stia bene. La ragazza italiana è in forte apprensione. Ha capito immediatamente che c'è qualcosa che non va, decide di cambiare i suoi piani e di rientrare a casa immediatamente.

Verso le 12:30 la polizia arriva in via della Pergola 7 per restituire i due cellulari. Sulla porta gli agenti trovano Amanda e Raffaele che sembrano molto sorpresi del loro arrivo.

Gli agenti chiariscono il motivo della loro visita e, a quel punto, Amanda racconta di essere arrivata quella mattina e di aver trovato la porta aperta ed una finestra rotta. Gli agenti entrano all'interno della casa insieme ad Amanda e si dirigono nella stanza di Filomena. Tutto è sottosopra: effettivamente c'è una finestra rotta e molti vestiti sono sparsi sul pavimento. A prima vista tutto farebbe pensare ad un caso di furto, ma c'è qualcosa di strano.

A quanto pare infatti i vetri della finestra si trovano sopra ai vestiti, come se qualcuno avesse rotto la finestra dopo aver sparpagliato il contenuto dei cassetti per terra. E poi, particolare ancora più sospetto, in casa ci sono molti oggetti di valore come computer e macchine fotografiche.

Nonostante le apparenze iniziali dunque è chiaro che non si tratti di un banale caso di furto. Intanto all'interno dell'abitazione non c'è alcuna traccia di Meredith mentre la porta della sua stanza è chiusa a chiave.

Alle 12:45 Filomena rientra a casa accompagnata dal fidanzato e anche da due amici.

Alle 12:51 Raffaele fa un primo tentativo di chiamare i carabinieri ma non riesce a parlare con nessuno.

Alle 12:54 ci riprova: vuole denunciare il furto in casa, ma si sente rispondere che se la polizia è già intervenuta sul posto allora il caso è di loro competenza. A posteriori queste telefonate verranno interpretate come un tentativo del ragazzo di supportare la ricostruzione sua e di Amanda degli avvenimenti. A ogni modo la tensione all'interno dell'abitazione di via della Pergola è palpabile e anche gli agenti orami hanno capito che c'è qualcosa che non va. Quella porta chiusa a chiave è un brutto segno e dopo una rapida consultazione un poliziotto decide di sfondarla.

Purtroppo ormai un minuto in più o in meno non può più fare alcuna differenza: Meredith infatti giace cadavere sul pavimento della sua camera ormai da molte ore.

Amanda e Raffaele sono in fondo al gruppo e, a causa degli agenti che si trovano di fronte a loro, non riescono a vedere quello spettacolo pietoso all'interno della stanza.

Amanda Knox e il delitto di Perugia

LE INDAGINI

Dopo la scoperta del cadavere della povera ragazza inglese la casa e in particolare la stanza di Meredith vengono subito evacuate dagli agenti, ormai non resta altro da fare che attendere l'arrivo della scientifica. Nel frattempo vengono presi i dati e le generalità di tutti i presenti e si procede ad un primo sopralluogo esterno della struttura.

Gli agenti non notano segni di calpestio sull'erba sottostante la finestra rotta e non vedono neppure segni di arrampicata lungo il muro, ragion per cui si fa sempre più concreta l'ipotesi che il furto e l'intrusione nella casa siano stati simulati per depistare le indagini.

La casa ha due bagni: uno è quello dove Amanda ha fatto la doccia e dove sono state ritrovate le tracce di sangue, nell'altro invece vengono repertate delle feci umane all'interno della tazza, particolare questo tra l'altro già segnalato da Amanda alla polizia prima che la porta di Meredith fosse aperta.

Gli uomini e le donne della scientifica arrivano cominciano il loro paziente lavoro: analizzano in modo sistematico e metodico ogni angolo della casa, fotografano ogni dettaglio, rilevano tracce organiche in camera di Meredith, nel bagno adiacente e nella camera di Filomena.

Questo è un momento molto delicato per quanto riguarda le indagini, e infatti poi in sede di dibattimento l'operato e le conclusioni della polizia scientifica saranno il vero punto di sfida tra accusa e difesa, come avremo modo di vedere.

Sbrigata la macabra routine che segue inevitabilmente al ritrovamento di un cadavere arriva anche il momento di convocare in Questura tutti i testimoni coinvolti nella vicenda. Inoltre vengono anche convocate le amiche di Meredith, le ultime persone ad averla vista viva la sera precedente.

L'atmosfera all'interno della Questura è irreale: il gruppo che attende di essere ascoltato dagli inquirenti si divide tra chi è scioccato ed in lacrime non riesce ad accettare il lutto, come le amiche di Meredith, e chi invece come Amanda reagisce in modo opposto ridendo e scherzando come se niente fosse.

Ecco come ha ricordato quei momenti Robyn Carmel una delle amiche di Meredith durante il processo, così come riportato nelle pagine del Corriere della Sera del 13 febbraio 2009:

«Amanda sembrava essere orgogliosa di aver trovato Meredith. Sentendola parlare mi ricordo che notai questo nel suo atteggiamento.

In Questura sembrava strana, non mostrava nessuna emozione rispetto agli altri. Tutti erano emozionati tranne lei. Tutti piangevano tranne lei.

Amanda parlava ad alta voce. Mi ricordo che a un certo punto disse qualcosa come "sarebbe potuto accadere a me... cosa credi che provi... l'ho trovata io".

Sembrava orgogliosa di questo. Ci disse che Mez era stata trovata dentro all'armadio coperta con un piumone. Quando Natalie disse che si augurava che Meredith non avesse sofferto Amanda disse "che cazzo credi...è morta dissanguata"».

E, sempre a proposito dell'atteggiamento di Amanda e Raffaele in questura, aggiunse.

«Si baciavano, scherzavano hanno anche riso. Avevano spostato anche le sedie per stare più vicini e Amanda aveva messo le sue gambe sopra a quelle di Raffaele. Mi ricordo che ad un certo punto lei gli fece anche la linguaccia».

In molti si chiederanno come Amanda potesse sapere che la ragazza era morta dissanguata quando ancora la causa della morte non era chiara, soprattutto perché né lei né Raffaele avevano potuto vedere bene all'interno della stanza quando la porta era stata aperta dagli agenti.

I ragazzi comunque vengono tutti ascoltati. Amanda ripropone la sua ricostruzione dell'ultima giornata già fatta a Filomena al telefono. Inoltre, particolare molto importante, conferma di aver dormito tutta la notte da Raffaele e di essersi recata in via della Pergola soltanto quella mattina, quando aveva poi trovato la porta aperta.

Sono passate poche ore dal ritrovamento del corpo di Meredith ma gli investigatori si sono fatti già un'idea abbastanza chiara su quella faccenda: sono convinti che la storia del furto sia soltanto una messinscena, un tentativo peraltro piuttosto goffo di sviare le indagini.

È tra gli amici e i conoscenti di Meredith che bisogna cercare l'assassino, di questo gli inquirenti sono profondamente convinti fin da subito.

I casi sono due: o Meredith conosceva il suo assassino e l'ha fatto entrare tranquillamente in casa, oppure questa persona misteriosa era in possesso delle chiavi dell'abitazione.

Sabato 3 Novembre

Il medico legale esamina la salma di Meredith e stabilisce che la ragazza ha delle modeste lesioni vaginali riconducibili ad una qualche attività sessuale precedente all'omicidio.

In tutto sul corpo vengono contate circa 23 ferite. In particolare si evidenziano 3 tagli di coltello, due dei quali al collo ed uno alla mano.

L'attenzione degli inquirenti si fissa fin da subito su una delle due ferite al collo, ferita prodotta da un coltello a lama corta affondato con determinazione alla base del mento con un movimento secco dall'alto verso il basso. Analisi successive stabiliranno con certezza che questo ferita è stata inferta con tale violenza da recidere l'arteria tiroidea: il sangue sarebbe quindi penetrato nei polmoni uccidendo Meredith per soffocamento nel suo stesso sangue.

Sul collo si trovano anche delle ecchimosi che fanno pensare ad un tentativo di strangolamento. Vengono notati anche dei lividi sull'avambraccio destro e sulla coscia sinistra, oltre a graffi e segni ti coltello sul mento della ragazza.

La conclusione più logica è che Meredith abbia tentato di difendersi lottando disperatamente con il suo aggressore.

Le analisi sul sangue della ragazza infine non rivelano tracce né di alcol né di stupefacenti.

Mentre il medico legale sta effettuando l'autopsia sul cadavere di Meredith, dall'altra parte della città Raffaele ed Amanda stanno facendo shopping di biancheria intima.

Nelle stesse ore la scientifica continua indefessa il suo paziente lavoro di rilevazione e catalogazione dei reperti in via della Pergola. Vengono studiate con particolare attenzione le macchie di sangue rinvenute in bagno e si evidenziano delle scie ematiche diluite che partono dal lavabo ed arrivano fino al water e al bidè. La prima impressione degli agenti è che l'assassino abbia cercato di ripulire l'arma del delitto e, forse, anche se stesso all'interno di quell'angusto bagnetto.

Sul lavabo e su una scatola di cotton fioc poco distante invece si repertano delle macchie di sangue più scure: probabilmente si tratta di sangue integro colato lì prima che l'operazione di lavaggio avesse inizio.

Anche all'interno della stanza di Meredith vengono rilevate diverse tracce.

Due in particolare attirano l'attenzione degli investigatori: si tratta di due impronte lasciate da una mano, una su un muro ed una sul cuscino su cui giaceva Meredith.

C'è anche un'impronta di una scarpa stampata sul cuscino accanto a quella della mano, oltre a diverse altre orme di scarpe tutt'intorno.

LUNEDÌ 5 NOVEMBRE

Raffaele Sollecito viene riconvocato in Questura. Alcune parti della sua ricostruzione della giornata del delitto infatti non convincono del tutto gli investigatori che vogliono saperne di più.

Il ragazzo cerca di ripercorrere con precisione tutti gli avvenimenti del giorno della tragedia: dice che lui ed Amanda hanno pranzato in via della Pergola e hanno visto per pochi minuti Meredith prima che lei uscisse; poi i due fidanzati hanno fatto un giro in centro, quindi sono rientrati a casa verso le 20:30 o le 21:00. Da quel momento in poi Raffaele dice di essere rimasto a lavorare da solo al computer.

Gli investigatori mettono sotto pressione il ragazzo che a quel punto si lascia sfuggire un'affermazione a dir poco clamorosa: dice infatti di non essere sicuro che Amanda sia rimasta con lui tutta la notte. Forse è uscita da sola ed è rientrata poi verso le 2:00... lui comunque non ricorda con precisione gli spostamenti della sua fidanzata.

Gli agenti sono sbigottiti dal peso di queste parole che il ragazzo butta lì quasi per caso: si tratta infatti della prima crepa che compare nell'alibi dei due ragazzi e, a questo punto, gli investigatori decidono di interrogare Amanda. La ragazza, infatti, aveva accompagnato Raffaele e lo stava aspettando nella sala d'attesa della Questura.

I presenti ricordano che, per ingannare il tempo durante l'interrogatorio del suo fidanzato, Amanda si era esibita in alcune posizioni di yoga e, addirittura, in alcune piroette da saltimbanco lungo il corridoio.

Leggiamo come ricorda quella notte l'ispettore Ficarra della squadra mobile di Perugia:

«La trovai nell'anticamera della squadra mobile che faceva il ponte, la spaccata e la ruota. Faceva vedere la sua abilità ginnica [...]

Un comportamento che non mi parve consono al posto e alla situazione tanto che sgridai la ragazza».

Adesso dunque è Amanda a essere interrogata dagli agenti della Questura. Gli investigatori le chiedono di ricostruire nei dettagli la giornata dell'omicidio.

La ragazza appare tranquilla e ripercorre con la memoria quel giorno: parla del pranzo a casa, della passeggiata, del messaggio di Lumumba che le diceva che quella sera non doveva lavorare e di come poi lei e Raffaele erano rientrati per guardare un film.

Le viene chiesto di consegnare il cellulare e nell'archivio dei messaggi appare un sms di Patrick Lumumba, ricevuto alle 20:18, che dice semplicemente "see you later". Gli investigatori commettono un primo errore traducendo il testo del messaggio alla lettera, e cioè "ci vediamo dopo": in realtà l'espressione in inglese corrisponde piuttosto al nostro generico "ciao".

Comunque l'atmosfera si fa sempre più tesa in questura: per gli investigatori infatti si sta profilando uno scenario nuovo e inquietante.

Secondo quella prima ricostruzione Amanda e Lumumba potrebbero aver avuto un appuntamento quella sera in via della Pergola, appuntamento degenerato magari in un omicidio per motivi al momento ancora ignoti.

Cercano allora di mettere sotto pressione la ragazza che finalmente crolla: Amanda infatti conferma agli agenti di aver avuto un appuntamento con Patrick Lumumba in via della Pergola, ma le sue dichiarazioni continuano: sostiene che Lumumba fosse innamorato pazzo di Meredith e che, dopo essere stato rifiutato dalla ragazza, avesse perso la testa. Conclude infine la sua confessione dicendo che mentre lei si trovava sotto shock in cucina Lumumba aveva barbaramente trucidato la povera Meredit.

Ecco le sue dichiarazioni come sono state riportate dalla stampa in quei giorni:

«L'ho incontrato [Patrick] la sera del giorno 1° novembre, dopo avergli mandato un sms di risposta al suo, con le parole "Ci vediamo". Ci siamo incontrati subito dopo, intorno alle ore 21:00 circa, presso il campetto di basket di piazza Grimana.

Siamo andati a casa mia. Non ricordo precisamente se la mia amica Meredith fosse già in casa o se è giunta dopo, quello che posso dire è che Patrick e Meredith si sono appartati nella camera di Meredith, mentre io mi pare che sono rimasta nella cucina.

Non riesco a ricordare quanto tempo siano rimasti insieme nella camera ma posso solo dire che a un certo punto ho sentito delle grida di Meredith e io, spaventata, mi sono tappata le orecchie.

Poi non ricordo più nulla, ho una grande confusione nella testa. Non ricordo se Meredith gridava e se sentii anche dei tonfi perché ero sconvolta, ma immaginavo cosa potesse essere successo.

Non sono sicura se fosse presente anche Raffaele quella sera, ma ricordo bene di essermi svegliata a casa del mio ragazzo, nel suo letto, e che sono tornata al mattino nella mia abitazione dove ho trovato la porta dell'appartamento aperta».

Di fronte a queste dichiarazioni gli inquirenti restano allibiti. La confessione di Amanda deflagra in questura con la stessa potenza di una bomba incendiaria: a questo punto lo scenario cambia completamente e, se i riscontri saranno positivi, si può già dire che il caso è risolto. Lumumba il musicista, il barista ma, soprattutto, Lumumba l'africano avrebbe abusato di quella studentessa inglese che non era riuscito ad irretire con la sua musica e i suoi cocktail.

Da quel momento la stampa italiana affonda a piene mani nella storia che riesce a calamitare l'attenzione e anche a "tranquillizzare" in un certo senso la maggior parte degli italiani: la tresca sessuale tra giovani è un argomento che fa sempre presa nell'opinione pubblica, e il fatto che l'assassino sia un immigrato di colore scarica ogni responsabilità sull'altro, sul diverso, ottenendo quindi quell'effetto "tranquillizzante" di cui si parlava.

Martedì 6 novembre

Alle 5:00 del mattino, sulla base delle dichiarazioni di Amanda, gli agenti fanno irruzione in grande stile nella casa dove Lumumba vive con la compagna ed il figlio piccolo.

Senza perdere tempo stringono le manette attorno ai suoi polsi, convinti di avere tra le mani l'assassino di Meredith Kercher.

Quel martedì 6 novembre segna l'inizio di un vero incubo giudiziario per Patrick Lumumba: per una certa opinione pubblica italiana infatti lui è l'assassino perfetto, uno che attira ed affascina ragazzine molto più giovani di lui provenienti da tutto il mondo.

Se ancora non bastasse è pure straniero, elemento che viene sottolineato in maniera pesante da buona parte della stampa.

A questo proposito un particolare ci sembra davvero significativo: Patrick Lumumba, in quanto africano, è a tutti gli effetti un cittadino extracomunitario. Ma lo è anche Amanda Knox, in quanto cittadina americana. Eppure per tutta la durata del caso Lumumba verrà definito quasi sempre come "l'extracomunitario", mentre per Amanda Knox nessuno utilizzerà mai quel termine.

È chiaro infatti che la parola extracomunitario in un contesto di questo tipo assume una valenza fortemente negativa, connotata da velate allusioni razziste che, naturalmente, non vengono prese minimamente in considerazione quando l'extracomunitario è di nazionalità Statunitense. Un particolare che a nostro avviso la dice lunga sull'atteggiamento e sul ruolo giocato dall'opinione pubblica e media in tutta questa vicenda.

Il 6 novembre la polizia procede formalmente all'arresto oltre che di Patrick Lumumba anche a quello di Amanda Knox e Raffaele Sollecito.

Su Amanda e Lumumba gravano le dichiarazioni della stessa ragazza, mentre la posizione di Sollecito secondo gli inquirenti ha troppe ombre che vanno assolutamente svelate.

È poco chiaro il suo coinvolgimento così come poco chiaro è il suo alibi che, tra l'altro, non confermato né dall'attività del suo cellulare né da quella del suo computer.

A questo punto inizia il valzer delle dichiarazioni e, soprattutto, delle ritrattazioni: dopo alcuni giorni infatti Sollecito ritratta le sue dichiarazioni e fa mettere a verbale di ricordare di aver passato la notte dell'omicidio assieme ad Amanda. Ecco le sue stesse parole riportate dalla stampa:

«Il 5 novembre ho mentito, ero sotto pressione. Amanda non mi ha chiesto di dire nulla. Sono certo che quella notte era con me».

L'entusiasmo degli investigatori però dura poco: si rendono conto presto infatti che c'è qualcosa che non torna.

Nessuna prova scientifica colloca Lumumba sulla scena del crimine anzi, tutto fa se credere che lui non abbia mai messo piede in quella casa, come del resto l'uomo si ostina a ripetere inascoltato.

Il particolare è molto strano perché in una scena del crimine del genere e con una dinamica come quella raccontata da Amanda si dovrebbero trovare numerosi riscontri scientifici che invece sembrano essere del tutto assenti.

Il congolese infatti dice essere rimasto al suo bar tutta la sera ma a quanto pare non ci sono scontrini né testimoni che confermino l'apertura del bar a quell'ora.

Per fortuna di Lumumba però c'è compare un testimone: è un professore universitario di Zurigo di nome Roman Mero che quella sera si trovava nel suo pub in un orario compatibile a quello del delitto.

Non appena la notizia dell'arresto di Lumumba giunge alle sue orecchie il professore raggiunge Perugia e con la sua testimonianza fornisce un alibi a prova di bomba a Lumumba, dato che Mero ricorda perfettamente di aver trascorso la serata a chiacchierare di politica con lui. Da quel momento Lumumba può finalmente tirare un sospiro di sollievo: la sua posizione infatti sembra del tutto chiarita e non c'è più motivo per trattenerlo in carcere.

Nonostante una prova così schiacciante della sua totale estraneità ai fatti l'africano però verrà ufficialmente scarcerato soltanto dopo 14 giorni di ingiusta detenzione.

Mesi dopo l'avvocato di Lumumba Carlo Pacelli dichiarerà:

«Mi sembra ampiamente provata che nella calunnia che Amanda ha posto in essere nei confronti di Patrick ci sono dati, elementi e fatti che soltanto chi si trovava in via della Pergola poteva conoscere.

Delle urla di Meredith, per esempio, la polizia è venuta a conoscenza solo dopo molto tempo rispetto a quando l'omicidio è avvenuto.

Come faceva Amanda a sapere che la povera Meredith prima di essere uccisa aveva urlato? È uno dei tanti elementi che solo chi era in via della Pergola poteva conoscere».

Intanto la scientifica riesce a identificare l'impronta insanguinata lasciata sul cuscino su cui giaceva Meredith; appartiene a Rudy Guede. La polizia si mette subito sulle sue tracce dell'ivoriano ma ben presto deve constatare che il ragazzo è irreperibile. Nessuno può saperlo ancora ma Rudy è scappato subito dopo l'omicidio e mentre la polizia lo cerca a Perugia lui si nasconde al sicuro in Germania.

Giacomo, un amico dell'ivoriano, decide però di collaborare con la polizia: il 20 novembre contatta Rudy via Skype e riesce a convincere l'ivoriano a costituirsi per evitare ulteriori guai. Alla fine il ragazzo rientrerà in Italia soltanto il 6 dicembre.

Significativo che già in quella prima conversazione del 20 novembre Guede fornisca quella che, salvo alcune piccole modifiche, sarà poi la sua versione della verità: il giovane ivoriano racconta che quella sera aveva un appuntamento con Meredith; dice che si era messo d'accordo direttamente con la ragazza la sera precedente al Merlin Pub ma, particolare importante, nessuna delle amiche di Meredith presenti quella sera ricorda di aver visto la ragazza parlare con lui. Rudy continua dicendo che era arrivato a casa della ragazza verso le 21:00 e che lì aveva fatto petting con Meredith, senza però avere un rapporto sessuale completo con la studentessa.

A conferma di quanto dichiarato i medici legali hanno riscontrato tracce del DNA di Guede sui genitali della ragazza.

I due giovani avrebbero quindi chiacchierato e Meredith si sarebbe lamentata con lui perché Amanda, secondo lei, le aveva sottratto dei soldi.

Anche il particolare del furto risulterà vero (anche se non c'è possibilità di sapere se sia stata effettivamente Amanda a commetterlo) dato che verrà riscontrata la mancanza di una certa somma di denaro.

Guede continua dicendo che ad un certo punto si sarebbe assentato per andare in bagno dove avrebbe ascoltato della musica mentre defecava quando, ad un certo punto, avrebbe sentito dei rumori e sarebbe uscito:

«Io sarò stato in bagno 5 minuti. Ho sentito urlare ma ha urlato talmente forte che si poteva sentire anche dalla superstrada.

Io quando sono uscito, perché noi eravamo in semi-buio, sono uscito ed ho visto questo qua. Era girato di spalle e ho detto "che cazzo succede?" Questa persona non mi superava, cioè di altezza e forma fisica non era più alta di me.

Questo qua era di spalle e ho visto... Meredith... che già sanguinava. Aveva un taglio alla gola [...] Ha tentato di colpirmi e ho anche le ferite sulla mano, ho ancora i segni sulla mano destra...»

In un successivo interrogatorio aggiungerà di aver sentito l'uomo dire "andiamo via, c'è un nero" rivolto ad una terza persona.

Secondo Guede quindi, dopo aver respinto l'aggressore, il ragazzo sarebbe entrato in camera di Meredith dove la ragazza ormai colpita a morte rantolava nel suo stesso sangue. Rudy avrebbe quindi tentato di soccorrerla tamponandole il sangue con un asciugamani senza però riuscire a evitare la morte di Meredith.

La ragazza, sempre secondo il racconto di Guede, avrebbe anche cercato di dirgli qualcosa che lui però non riuscì a comprendere.

Vedendo che non riusciva ad aiutarla e completamente sotto shock per quel trauma, invece di chiamare i soccorsi il ragazzo avrebbe lasciato via della Pergola ed avrebbe passato il resto della notte bighellonando dentro e fuori da alcune discoteche di Perugia.

Dopo queste parole gli inquirenti sono piuttosto perplessi: secondo loro infatti il racconto dell'ivoriano è credibile soltanto parzialmente.

A sostegno di quando detto da Guede infatti ci sarebbero le innumerevoli impronte confuse lasciate sul luogo del delitto e quelle feci, poi risultate sue dalle analisi, trovate in bagno e che dimostrerebbero come il ragazzo si sarebbe alzato in fretta dalla tazza, senza nemmeno tirare l'acqua, perché sorpreso da qualche rumore improvviso.

Per gli agenti restano comunque delle zone d'ombra assolutamente inverosimili: infatti risulta difficile credere ad una tempistica degli avvenimenti così precisa per cui l'aggressore, o gli aggressori, entrano in azione esattamente quando il ragazzo è in bagno con, tra l'altro, le cuffiette dell'iPod alle orecchie.

E, ancora, se la dinamica fosse davvero questa perché Meredith non avrebbe cercato di prendere tempo aspettando che Rudy uscisse dal bagno? Perché non dichiarare la presenza di un altro uomo all'assassino che, secondo il racconto di Guede, sarebbe rimasto completamente sorpreso di trovarselo davanti?

Più passa il tempo e più negli investigatori si fa largo l'idea che "l'uomo misterioso" possa essere Raffaele Sollecito, dato che il suo alibi sembra non trovare nessun riscontro con l'attività registrata dal suo computer.

Un'analisi specifica infatti permette di stabilire se un terminale è stato acceso o spento a una determinata ora: vengono fatte le analisi del caso e nell'orario in cui Sollecito sostiene di aver lavorato al pc risulta invece che il computer era spento. È la prima crepa che inizia a mettere in discussione le dichiarazioni di Sollecito.

Il suo cellulare inoltra risulta stranamente inattivo dalle 20:42 della notte dell'omicidio fino alle 6:00 del mattino seguente.

Oltre a questo viene trovato un coltello a casa sua che sembra sia stato lavato addirittura con della candeggina di recente.

L'arma viene sottoposta all'analisi del DNA e il risultato aggrava ulteriormente la posizione di sollecito: vengono infatti rinvenute tracce organiche di Meredith e di Amanda. Va comunque precisato che una serie di perizie successive non riuscirà a stabilire se quella sia stata effettivamente l'arma del delitto oltre ogni dubbio. Ci sarebbe poi un'altra traccia che collocherebbe Raffaele sulla scena del delitto: è stato trovato infatti un suo residuo di DNA sul gancetto del reggiseno di Meredith.

Questo gancetto però era stato smarrito durante il primo sopralluogo e verrà repertato oltre 40 giorni dopo il delitto, particolare questo che si rivelerà fondamentale poi durante il processo d'appello dato che i legali di Sollecito sosterranno che la prova poteva essere stata potenzialmente contaminata e che di conseguenza non poteva essere assolutamente affidabile.

Gli inquirenti comunque iniziano a farsi un'idea ben precisa del caso: secondo la loro ricostruzione insieme a Sollecito quella notte ci sarebbe stata anche Amanda Knox.

A carico della giovane americana ci sono alcune tracce di sangue misto a quello di Meredith, a riprova del fatto che la ragazza si sarebbe tagliata o comunque ferita durante l'aggressione. Risultano anche molto sospetti i comportamenti della ragazza nell'immediatezza del delitto ma, si sa, in casi del genere ognuno reagisce allo stress in maniera diversa.

Secondo gli inquirenti dunque Raffaele, Meredith, Amanda e Rudy si sarebbero trovati tutti in via della Pergola quel 1 novembre. Alla base dell'omicidio ci sarebbe un tentativo di violenza sessuale o un gioco erotico finito male.

Subito dopo l'omicidio il gruppo si sarebbe dileguato prendendo con se i telefonini della ragazza per farli sparire nel timore che qualcuno potesse chiamarla e, non avendo risposta, potesse insospettirsi.

Il mattino dopo Raffaele ed Amanda sarebbero ritornati in via della Pergola per cercare di ripulire e depistare le indagini inscenando la finta rapina quando sarebbero stati sorpresi dalla polizia. A riprova di questo ci sarebbe la testimonianza di un commerciante della zona che circa un anno dopo il delitto ha dichiarato di aver visto una ragazza molto simile ad Amanda acquistare alcuni prodotti per la pulizia quella mattina molto presto:

«Io sono arrivato la mattina e al momento di aprire il negozio appunto alle 7.45 lei stava aspettando fuori per entrare. Ho fatto molto caso a questa cosa perché la mattina dopo il week end per i morti qui non c'era nessuno.

Lei è entrata e io l'ho vista mentre entrava... aveva sicuramente dei jeans, sicuramente un cappotto grigio... aveva una sciarpa di colore credo azzurrino o sul grigio azzurrino... e poi aveva un copricapo... credo che lei avesse questa sciarpa come per coprirsi».

Inutile dire che dopo un anno tanti dettagli su Amanda e su quella che era la versione ufficiale degli inquirenti erano noti a molti e potevano influenzare chiunque.

La tesi della difesa è, naturalmente, completamente diversa. Secondo questa ricostruzione l'omicidio fu opera invece di un unico aggressore, verosimilmente un uomo robusto, che immobilizzò la vittima in posizione supina per poi soffocarla e quindi «giustiziarla con un colpo di coltello».

Col tempo saltano fuori anche degli altri testimoni in particolare un senzatetto, Antonio Curatolo, che spesso passa le serate in una piazza a due passi da via della Pergola:

«Quella sera stavo seduto qua sulla panchina e ogni tanto alzavo gli occhi e vedevo gente e macchine [...]

Giù in fondo c'erano due ragazzi, sembravano due innamorati [...] ogni tanto uno di loro andava da quella parte e guardava di sotto come se aspettasse qualcuno [...] erano Sollecito e Amanda: già li conoscevo di vista perché più di qualche volta mi era capitato di vederli qui vicino all'università [...]

Io sono stato qui seduto dalle 9:30-10:00 fino a mezzanotte poi sono andato via. Loro sono andati via prima si me».

Si fa avanti poi anche un albanese, Hekuran Kukumani, che è convinto di aver visto Amanda, Raffaele e Rudy la sera del delitto davanti alla casa di via della Pergola e di essere addirittura stato minacciato da loro con un coltello:

«Stavo passando con la mia auto, ho suonato col clacson, pioveva. Stavo camminando e vedo una cosa nera lì e suono con il clacson.

Poi mi fermo, visto che ho toccato con il paraurti e dopo loro si sono alzati un pochino. Uno viene verso di me, gli do un pugno...

Ho riconosciuto tutti e due, Raffaele e Amanda e lei ha tirato fuori un coltello di 30 centimetri ma che non si vedeva perché era coperto dalle mani.

Dopo 15/20 metri esce Rudy dalla porta di casa [...]».

Come abbiamo già ricordato testimonianze del genere hanno un valore relativo dato che l'interessa dei media intorno a questo caso era stato enorme: per mesi quotidiani, radio e tv avevano analizzato la vicenda, raccontato ogni dettaglio enfatizzando soprattutto gli aspetti legati alla personalità di Amanda Knox, diventata in breve una vera e propria anti-eroina protagonista di inchieste e trasmissioni in Italia e in tutto il mondo.

Nell'epoca del web 2.0 infatti i mezzi di comunicazione hanno saccheggiato la rete alla ricerca di dettagli personali della vita di Amanda: ogni pagina del suo blog è finita sotto la lente d'ingrandimento alla ricerca di particolari pruriginosi o ad effetto, ogni sua foto è stata sbatutta in prima pagina, facebook è stato scandagliato alla ricerca di un qualche dettaglio che potesse in qualche modo raccontare un particolare inedito su quella ragazza con il viso d'angelo.

Durante il processo di primo grado Amanda, presto nota sul web con il soprannome di "foxy-knoxy", è diventata infatti la vera protagonista della vicenda: con quella sua aria da ragazzina innocente ha affascinato gli spettatori della tv, ha conquista i giornalisti che l'hanno soprannominata "viso d'angelo", si è ritagliata lo spazio di nuova icona mediatica nell'Italia provata dalla crisi economica.

Ma il suo caso ha attraversato l'oceano, con la stampa americana che ha seguito il processo schierandosi apertamente in suo favore: non sono mancate le accuse nei confronti della polizia e del sistema giudiziario italiani, dipinti in maniera molto negativa dalla stampa a stelle e strisce.

Del resto la storia ci ha insegnato che in casi del genere gli Stati Uniti fanno quadrato intorno ai loro cittadini coinvolti in vicende del genere all'estero, e anche questo caso non ha fatto eccezione.

LE PRIME SENTENZE

Rudy Guede ha chiesto il rito abbreviato e in prima istanza è stato condannato a 30 anni di galera, poi ridotti a 16 in appello, per concorso nell'omicidio di Meredith Kercher.

Quello del "concorso in omicidio" è un particolare da tenere bene a mente perché, dopo la sentenza del processo d'appello a Raffaele Sollecito e Amanda Knox, renderà tutta questa vicenda ancora più paradossale.

Guede comunque è stato scarcerato definitivamente nel 2021 e oggi è un uomo libero. Nel 2022 ha pubblicato un libro con la sua verità sull'omicidio di Meredith Kercher. Continua a proclamarsi innocente e sostiene che avrebbe avuto le mani insanguinate perché aveva tentato di soccorrere Meredith.

Amanda Knox e Raffaele Sollecito, invece, sono stati condannati in primo grado rispettivamente a 26 e 25 anni di carcere. Dopo la sentenza si è addirittura sfiorato l'incidente diplomatico con gli Stati Uniti: dall'America sono piovute accuse pesanti alla polizia, ai pm Giuliano Mignini e Manuele Comodi. Ma l'Italia ha risposto in modo netto arrivando addirittura a premiare i poliziotti che si sono occupati del caso.

Nella sentenza di primo grado questa brutta storia è stata ricostruita così: Amanda e Raffaele, che stavano insieme da poco più di una settimana, quella sera stavano facendo sesso in camera di Amanda.

Ad un certo punto sentono Meredith gridare e corrono nella sua stanza: quando entrano trovano Guede che sta tentando di violentarla.

A quel punto però non prendono le difese della ragazza ma, probabilmente storditi dall'alcool o da qualche canna, si uniscono ai due pensando che si tratti di chissà quale gioco erotico.

Secondo la sentenza sarebbe stato Raffaele a tenere ferma Meredith, mentre sarebbe stata Amanda a sferrare il colpo mortale alla povera ragazza.

Per i giudici troppe sono le evidenze scientifiche a carico dei tre ragazzi, così come sono troppe le incongruenze negli alibi e nelle ricostruzioni dei ragazzi, tanto che la PM Mauela Comodi dichiarò che «le prove scientifiche raccolte sono inconfutabili e sovrapponibili».

Secondo le difese di Amanda e Raffaele invece questi reperti sarebbero stati raccolti ed analizzati in maniera non corretta e per tanto non dimostrerebbero nulla.

Al di la delle perizie e delle prove scientifiche portate in aula in molti sono rimasti insoddisfatti dalla ricostruzione ufficiale del caso. Il movente sessuale, così come viene presentato, non sarebbe in realtà un movente credibile per dei ventenni.

Troppo sofisticata e complessa la sessualità tracciata in questa ricostruzione, una sessualità che apparterrebbe piuttosto a persone di un'età più matura e non a dei ragazzi poco più che adolescenti. In aula si è pure parlato di un potenziale risentimento che Amanda avrebbe avuto nei confronti di Meredith perché questa ragazza così diversa da lei finiva per rubarle la scena. Anche questo però sembra un movente tutt'altro che solido.

Ecco come stigmatizza la cosa l'avvocato Carlo Dalla Vedova uno dei legali della Knox:

«Qui si corre il rischio di fare una sommatoria algebrica di zero, credendo che sommando zero su zero si arrivi ad un risultato concreto.

Invece zero più zero non porta altro che a nulla. Non c'è nessun cambiamento rispetto al fatto dell'assenza di un movente. Tant'è che l'accusa, alla fine del processo, ha tirato fuori un movente differente da quello iniziale.

Prima parlava di un'avventura sessuale poi è approdata alla volontà di Amanda di vendicarsi di Meredith.

Nessuna prova è stata portata se non che Amanda non sopportava, secondo il PM, il carattere da "santarellina" di Mez. Ma queste sono opinioni, per definire un movente ci vuole una prova che ancora manca.

È meglio che il giudice, in assenza di certezza, assolva un sospettato piuttosto che condannare un innocente».

A queste obiezioni la PM Manuela Comodi ha dato una risposta che non soddisfa del tutto:

«esistono omicidi senza movente e questo potrebbe essere compreso nella lista».

Interessante è anche l'analisi dell'accusa a Lumumba fatta da Amanda pochi giorni dopo il delitto. In molti si chiedono ancora come vada interpretata. Si è trattato di un tentativo di depistaggio fatto dalla ragazza, oppure il racconto di Guede è più verosimile di quello che si pensi?

In altre parole possiamo pensare che Amanda sapesse che in casa c'era un ragazzo di colore perché l'assassino glielo aveva detto ma non avendolo visto ha semplicemente ipotizzato che fosse Lumumba?

Oppure, come ha più volte ripetuto la stessa Amanda, ha rilasciato quelle dichiarazioni (incredibilmente precise come hanno dimostrato i successivi sviluppi dell'indagine) perché in quel momento era sotto stress, confusa e forse addirittura picchiata dalla polizia come lei stessa sostiene? Non va dimenticato infatti che Amanda fu interrogata per ore senza la presenza di un avvocato e senza un interprete, lei che peraltro non parlava bene l'italiano.

C'è un altro episodio che va sottolineato: nel marzo 2010 Mario Alessi l'assassino del piccolo Tommaso Onofri, detenuto nello stesso carcere di Rudy Guede, ha dichiarato di avere avuto dei colloqui con Guede nei quali il ragazzo gli avrebbe raccontato una nuova versione della storia:

«[...] lui mi dice che era lui ed un amico suo che sono andati quella sera a casa della Meredith.

Rudy dice... è stato lui proprio a essere esplicito con la ragazza a dirle cioè se voleva avere rapporti sessuali in tre.

A un certo punto il ragazzo tira fuori un coltello, aveva il manico tipo avorio però era a punta... puntandolo cioè verso la ragazza... involontariamente però... la ragazza si è ferita al collo.

Quando Rudy ha visto le mani piene di sangue molla la ragazza.

Quando poi Rudy si rigira vede questo ragazzo che dice a Rudy che dovevano finirla sennò questa puttana ci fa marcire in carcere.

Quel ragazzo continuava a colpirla svariate volte fin quando cioè poi la ragazza è distesa per terra... e Rudy continuava sempre a tenerle cioè un panno sul collo.

Il ragazzo è scappato via mentre Rudy è rimasto li con la ragazza fin quando non ha visto che la ragazza proprio non respirava più e lui è andato via.

Rudy mi ha detto che era andato in bagno e aveva lasciato questo ragazzo insieme alla ragazza. È stato circa meno di un quarto d'ora, dieci minuti un quarto d'ora, lui quando è rientrato alla... in quella camera trova uno scenario tutto diverso [...]».

Questa testimonianza, peraltro sempre smentita da Rudy Guede, scagionerebbe Amanda e Raffaele e per molti sarebbe più compatibile con le analisi fatta dalla scientifica ma, è bene ricordarlo, Mario Alessi è lo stesso personaggio che all'indomani della scomparsi del piccolo Tommy mentiva spudoratamente ai microfoni di diverse televisioni lanciando messaggi ai fantomatici rapitori del bambino.

In realtà era stato lui ad uccidere quel povero bambino e ne aveva occultato il corpo come stabilirono in maniera certa le indagini successive.

Sempre nel 2010 un altro pentito si fa avanti. Questa volta si tratta di Luciano Aviello, un pregiudicato per reati di camorra che dichiara di sapere chi ha ucciso Meredith Kercher: secondo Aviello si tratterebbe addirittura di suo fratello Antonio e sarebbe stato lui stesso a nascondere il coltello.

Le sue dichiarazioni e la sua ricostruzione sono state però giudicate assolutamente inattendibili dagli inquirenti, anche perché Aviello già in passato aveva dichiarato di avere informazioni utili su un altro caso irrisolto, e più precisamente quello della scomparsa della piccola Angela Celentano, informazioni rivelatesi poi tutte prive di fondamento.

Da quel lontano primo novembre 2001 però la vera protagonista di questa vicenda è stata Amanda Knox: come abbiamo già avuto modo dire la ragazza americana è diventata addirittura una sorta di idolo per una parte del "pubblico" che ha assistito alle varie ricostruzioni del caso attraverso i media.

Poco prima dell'apertura del processo d'appello è scoppiata un'altra polemica, alimentata questa volta dal quotidiano britannico The Sun: Jane Firbank una psicologa criminale infatti ha analizzato i disegni fatti da Amanda in carcere e, secondo lei, quei disegni dimostrerebbero che la ragazza americana è colpevole.

A questo proposito leggiamo direttamente cosa c'è scritto nella perizia della Dottoressa Firbank:

«Il rosso è il colore della frustrazione, della rabbia. Il fatto poi che il rosso sia fuso con il giallo sta a testimoniare che Amanda non riesce ad avere il pieno controllo su se stessa...

Credo che da questi disegni si possa intuire che, a causa di un alto livello di testosterone, Amanda abbia fondamentalmente una personalità dominante e aggressiva».

Le polemiche sono continuate anche durante il processo d'appello dato che negli Stati Uniti è stato trasmesso su Lifetime il film *Amanda Knox: murder on trial in Italy*.

La stessa Amanda del resto ha alimentato queste polemiche con una serie di comportamenti spesso sopra le righe, che hanno fatto la felicità dei media internazionali che hanno seguito la vicenda. Dal carcere di Capanne, dov'era detenuta in attesa del processo d'appello, Amanda comunque ha continuato a professare la sua innocenza. Ha scritto anche una lettera indirizzata al deputato Girlanda e a Corrado Daclon, il segretario generale della fondazione Italia-Usa, in cui dice di non voler esser dimenticata.

In questa lettera, pubblicata dal magazine del Corriere della Sera nel novembre 2010, tra le altre cose si può leggere...

«[...] da una parte mi sento grata che ci sono tanti che si interessano, perché non voglio essere chiusa tutta la vita per niente, dimenticata come se non valessi niente. Non voglio che le ingiustizie facili vengano ammesse. Allo stesso tempo non voglio essere strumentalizzata i messaggi di odio. [...] Provo spesso a mettermi nei panni degli altri e in questo modo capisco che qualcosa vi ha colpito di quello che è successo e state lavorando per migliorare una grande difficoltà per tutti, una grande sofferenza per tanti. Per ciò vi ringrazio e rispetto quello che state facendo.

Vi saluto con affetto, pace amore e rock & roll,

Amanda

Post scriptum

Io sono che non sono sola anche quando sono sola. Vi cito una canzone che mi sento nel cuore, *Little Wing* di Jimi Hendrix:

"Quando sono triste lei viene da me, a regalarmi mille sorrisi.

Va tutto bene, dice, va tutto bene.

Prendi da me tutto quello che vuoi, qualsiasi cosa... qualsiasi cosa...

Fly on, little wing...».

IL PROCESSO D'APPELLO

Il processo d'appello è iniziato il 24 novembre del 2010. Le difese hanno chiesto di riaprire il dibattimento puntando su nuove perizie tecniche che avrebbero dovuto scagionare Amanda e Raffaele.

Il punto focale della disputa è quello che è sempre sembrato il tallone d'Achille dell'impianto accusatorio, e cioè la perizia genetica: la quantità del profilo di Amanda ritrovata sul manico del coltello infatti è sempre stata considerata molto bassa, troppo bassa per la difesa che non la considera dunque attendibile.

E poi c'è la perizia che, come abbiamo già ricordato, ha stabilito che quel coltello da cucina è incompatibile con l'arma del delitto. Non a caso nella sentenza del processo di primo grado si parla di due lame, una grande e una piccola.

Ma la seconda arma, quella con la "lama piccola", non è mai stata trovata.

Dopo una sola udienza però tutto è stato rinviato al marzo successivo perché l'Avvocato Bongiorno, che difende Sollecito, era incinta. Il vero can can mediatico è esploso nel marzo del 2011.

Durante i lunghi mesi che sono trascorsi dalla fine del processo all'apertura dell'appello però le cose sono molto cambiate: la popolarità di Amanda nel web è cresciuta sempre di più e i risultati di questo nuovo status per la giovane americana non si sono fatti certo attendere.

Soltanto per fare un esempio il 12 marzo, durante una pausa dell'udienza davanti alla Corte d'assise d'appello di Perugia, un ragazzo italiano di 31 anni, originario della provincia di Avellino, ha cercato di consegnare ai familiari di Amanda Knox un fotomontaggio nel quale la giovane americana appariva accanto a papa Giovanni Paolo II.

L'uomo è stato immediatamente bloccato dalla polizia che lo ha scortato fuori dal palazzo di giustizia. Un episodio marginale, certo, ma che testimonia di come "angel face" Amanda sia riuscita a catturare l'attenzione di molte presone fragili alla ricerca di un anti-eroina in cui riconoscersi.

La popolarità e il circo mediatico che circondano il personaggio Amanda Knox sono presto diventati insostenibili, tanto che John Kercher, il padre della povera Meredith, non è più riuscito a trattenersi e il 13 marzo ha scritto al Times sfogando tutta la rabbia e la frustrazione repressa fino ad allora:

«I media sembrano ipnotizzati. I fan della Knox mettono in piazza le loro opinioni online e domenica prossima a Seattle ci sarà un "bowling" per raccogliere fondi [...] qualcosa manca da questa ossessione con "Foxy Knoxy", ed è il fatto che Meredith Kercher, mia figlia, è stata uccisa quella notte di 3 anni e mezzo fa a Perugia.

È ora di raccontare la sua storia e la storia della sua famiglia, per la quale non ci sono più appelli possibili contro la morte di Meredith, solo un lungo, doloroso ed estremamente costoso limbo emotivo mentre la saga della Knox si fa strada nei tribunali italiani. [...] Meredith dovrebbe essere ricordata per la ragazza affettuosa e piena di senso dell'umorismo che era e non come la vittima di un omicidio.

[...] Se la Knox e Sollecito dovessero perdere, potrebbero passare anni prima che si arrivi al secondo ricorso. Questo è un incubo per noi, unito al fatto che Amanda è stata trasformata in celebrità e il delitto in entertainment [...]».

Si tratta di uno sfogo più che comprensibile vista la difficilissima situazione dei Kercher che dopo il dramma della perdita della figlia hanno vissuto una vera e propria odissea giudiziaria. John Kercher nella sua lunga lettera ha infatti specificato come il processo fino a quel momento fosse costato alla famiglia più di 40mila sterline dato che il Foreign Office e il Governo Italiano aveva no deciso di non contribuire in alcun modo alle spese della famiglia Kercher.

Nonostante le polemiche il processo ha seguito il suo corso, e presto l'interesse dei media ci è concentrata sulle novità messe sul banco dalla difesa: nella quinta udienza infatti sono stati chiamati a deporre dei nuovi testimoni che hanno confermato che la sera del primo novembre a Perugia non circolava nessun autobus per le discoteche.

Si tratta di un particolare molto importante perché Antonio Curatolo, il senzatetto che testimoniò nel primo processo, disse di aver visto Amanda e Raffaele in Piazza Grimando, sottolineando in particolare la presenza quella notte in zona dei bus navetta che normalmente portavano i ragazzi alle discoteche.

Curatolo per le difese dei due ragazzi sarebbe dunque "assolutamente inattendibile".

Ma le novità più importanti sono quelle che si sono concentrate sulle nuove analisi realizzate sui reperti catalogati dalla scientifica.

Le analisi sono state effettuate sul coltello che, come abbiamo ricordato, secondo l'accusa sarebbe stato una delle armi del delitto, ma anche sul gancetto del reggiseno indossato da Meredith Kercher quando venne uccisa.

Sul coltello sono rimasti pochissimi picogrammi di materiale genetico dopo che i campioni erano stati prelevati in diversi punti della lama: per la difesa una quantità insufficiente per identificare un DNA sicuro al di là di ogni possibile dubbio. Il gancetto del reggiseno poi è stato conservato in condizioni pessime, tanto che era quasi del tutto arrugginito e quindi sarebbe stato compromesso a tal punto da diventare di fatto non ammissibile come prova.

Le nuove perizie curate dai professori Carla Vecchiotti e Stefano Conti dell'Istituto di Medicina Legale dell'Università La Sapienza di Roma, unite alle testimonianze che contraddicono Curatolo, scardinerebbero in un colpo solo tutto l'impianto accusatorio dato che, di fatto, l'accusa non avrebbe più alcuna prova per collocare Amanda e Raffaele sulla scena del crimine.

Per di più le nuove perizie hanno dimostrato che alcune impronte di scarpe attribuite inizialmente a Sollecito erano compatibili con i piedi di Guede.

Ma, particolare molto più impattante per tutta la causa, le nuove perizie hanno dichiarato che i rilievi vennero fatti dalla scientifica in un ambiente già contaminato geneticamente e quindi totalmente inattendibile.

Come abbiamo avuto modo di ricordare infatti il gancetto del reggiseno era stato smarrito durante il primo sopralluogo e venne repertato soltanto 40 giorni dopo il delitto. Chiaro che un particolare del genere ha gettato un'ombra pesantissima su tutto il lavoro della scientifica.

Come se non bastasse una nuova perizia sull'orario del delitto era stata stabilita con testimonianze non attendibili: una nuova analisi basata sull'ultimo pasto di Meredith sposta l'ora dell'omicidio in un lasso di tempo per cui Amanda e Raffaele avrebbero un alibi di ferro.

Durante il processo d'appello inoltre è esplosa in tutta la sua violenza la questione politica: l'opinione pubblica si è infatti divisa in maniera violenta tra innocentisti e colpevolisti, con i secondi convinti che Amanda sarebbe stata assolta per fare un favore politico agli Stati Uniti che, come abbiamo già avuto modo di ricordare, hanno seguito con moltissima enfasi la vicenda scatenando una vera e propria campagna mediatica contro l'Italia, dipingendo il nostro paese come una nazione terzomondiale che non garantiva la certezza del diritto.

Il 3 ottobre 2011, alle 21:34, la Corte di Assise di Appello di Perugia ha assolto con formula di non aver commesso il fatto Amanda Knox e Raffaele sollecito dalle accuse di omicidio e di violenza sessuale, e per insussistenza del fatto dall'accusa di simulazione di reato.

I due fidanzatini sono stati dunque scarcerati immediatamente. Viste le prove presentate in aula durante l'appello la notizia l'assoluzione di Amanda e Raffaele era ormai data per scontata, ma questa sentenza ha aperto un buco enorme su tutto il caso dato che è impossibile non ricordare che Rudy Guede è stato condannato per "concorso in omicidio".

La logica vorrebbe che i PM, una volta riconosciuti i loro errori, riaprissero le indagini su Guede formulando una nuova ipotesi accusatoria, altrimenti ci restano tra le mani due sentenze in aperta contraddizione tra loro.

Il 4 ottobre 2011 alle 11:45 Amanda Knox ha lasciato l'Italia ed è tornata a Seattle.

ASSOLUZIONE DEFINITIVA

In data 26 marzo 2013 la Cassazione, Prima Sezione penale, ha annullato le sentenze di assoluzione del grado di giudizio precedente, rinviando lo stesso dinanzi alla Corte d'assise d'appello di Firenze.

La sentenza finale sul caso è arrivata il 27 marzo 2015. Il dal giudice della Suprema Corte Gennaro Marasca infatti ha assolto dall'accusa di omicidio Amanda Knox e Raffaele Sollecito "per non aver commesso il fatto".

È stato dunque cassato il secondo giudizio d'appello ed è stata accolta la richiesta della difesa di annullamento senza rinvio. Per Amanda Knox è stata confermata la condanna a 3 anni per calunnia nei confronti di Lumumba, condanna peraltro già scontata.

I legali di Amanda Knox hanno anche fatto ricorso alla Corte Europea per i Diritti Umani.

Secondo loro la richiesta di rinvio alla Corte Costituzionale Europea che è stato accolto in via preliminare nel maggio 2016.

Il 24 gennaio 2019 infine la sentenza definitiva con cui l'Italia viene condannata per una violazione dei diritti dell'imputata (anche se non è stata rinvenuta alcuna traccia di maltrattamenti isici).

Lo Stato italiano dunque dovrà risarcire Amanda Knox per un somma di 18.400 euro, calcolati tra danni morali e rimborso delle spese legali per il ricorso a Strasburgo.

Oggi Amanda Knox vive negli Stati Uniti, ha una sua famiglia e gode di una certa popolarità grazie a Labyrinths, il suo podcast. In una recente intervista alla stampa italiana si è definita "libera, mamma e felice", per quanto abbia aggiunto che "sono infinitamente grata di essere viva e di esser stata scagionata, ma niente potrà restituirmi i quattro anni trascorsi senza motivo in carcere, e niente potrà cancellare il trauma che è stato inflitto alla mia famiglia, ai miei amici e a me. Soffro ancora lo stigma di un'accusa falsa: resterò per sempre la *ragazza che è stata accusata di omicidio*".

Resta l'amaro in bocca per una vicenda che, da qualsiasi punto la si guardi, resta piena di ombre. Il documentario realizzato da Netflix nel 2016 del resto ha portato alla luce l'atteggiamento molto discutibile di chi ha indagato sul caso, con una serie di prese di posizione che ancora oggi, dopo tanti anni da quei fatti, lasciano francamente basiti.

Amanda Knox e il delitto di Perugia

APPENDICE

AMANDA KNOX E LA VIOLENZA NEI MEDIA[1]

Il 26 marzo 2013 la Corte di Cassazione ha annullato la sentenza di appello sull'omicidio di Meredith Kercher. Sono state cancellate così le due sentenze di assoluzione nei confronti di Amanda Knox e Raffaele Sollecito, ultimi due imputati del processo (Rudy Guede sta scontando

---

[1] L'articolo, scritto da Giacomo Brunoro, è stato pubblicato originariamente il 13 luglio 2016 in PEDAGOGIKA DOSSIER, PEDAGOGIKA XVII 2 - Relazioni tra i generi e violenza.

una condanna di 16 anni per concorso in omicidio dopo aver richiesto il rito abbreviato). Il delitto di Meredith Kercher ha avuto un'immensa eco mediatica, sopratutto negli Stati Uniti, ma anche in Italia se n'è parlato moltissimo. In quest'articolo vorrei andare al di là delle polemiche sulla colpevolezza o meno di Amanda Knox e Raffaele Sollecito, questo lo appurerà la magistratura italiana (forse): mi interessa di più porre l'accento su un elemento che finora è stato trattato soltanto marginalmente, e cioè quello della "violenza" con cui è stata affrontato tutto il caso dai media.

Negli Stati Uniti l'omicidio di Meredith Kercher è diventato una sorta di caso nazionale, come spesso accade quando un cittadino americano è coinvolto in episodi di cronaca nera all'estero. La stampa USA ha criticato ferocemente l'operato delle forze dell'ordine italiane, dipingendo il nostro Paese come uno stato da Terzo Mondo incapace di gestire in maniera seria un'indagine per omicidio. La campagna innocentista a stelle e strisce ha cavalcato il modo piuttosto lacunoso con cui la polizia italiana ha condotto le indagini, per non parlare del fatto che per gli americani è sconcertante assistere ai tempi lunghissimi della giustizia italiana (ricordo che il processo più lungo della storia degli Stati Uniti è durato appena 21 mesi[2]).

Ho parlato di gestione violenta da parte dei media di tutta la faccenda: questo non dovrebbe stupire in un mondo come il nostro in cui tutto viene spettacolarizzato, in cui la tv del dolore fa ascolti altissimi e in cui l'unica legge che conta è quella dell'audience, delle copie vendute. Il tipo di violenza di cui parlo non è tanto quello classico di episodi di questo tipo (pensiamo ad esempio al delitto di Avetrana), ma nel caso del delitto di Perugia c'è stata una sorta di upgrade, una vera violenza di genere che ha riguardato, paradossalmente, gli indiziati e gli imputati del processo.

I media hanno dato il peggio di loro stessi dimostrando tutti gli atavici e banali pregiudizi

---

[2] Stiamo parlando del processo alla famiglia mafiosa dei Lucchese, reso celebre dal film di Sidney Lumet "Prova a incastrarmi", processo che durò dal 1987 al 1988 per un totale di 21 mesi (627 giorni).

nei confronti del genere femminile, ma anche degli extracomunitari e del mondo studentesco, dipinto in maniera vuota e stereotipata. In pratica il diverso, il più debole, è diventato subito l'oggetto di un vero e proprio accanimento mediatico che spesso ha assunto toni paradossali.

Amanda Knox, giovane ventenne americana, è stata condannata e messa sotto i riflettori dalla stampa per il semplice fatto di essere un ragazza affascinante, con una condotta sessuale aperta, per non parlare degli aspetti legati alle droghe. A nessuno è interessato più di tanto raccontare i fatti, cercare di ricostruire la vicenda, analizzare le prove: tutti hanno pensato bene di sbattere in prima pagina gli occhioni di "Angel Face", com'è stata subito soprannominata la Knox, e il gioco era fatto. Invece di indagare sulla brutale morte della povera Meredith Kercher, i giornalisti hanno preferito andare a spulciare su MySpace[3] per scoprire dettagli assolutamente inutili ma sensazionalistici,

---

[3] All'epoca dei fatti MySpace era ancora il Social Network per eccellenza, prima di essere spazzato via da Facebook.

presentati poi all'opinione pubblica come veri e propri indizi di colpevolezza:

"Perugia doveva essere il tuo anno al di là del bene e del male. Studiare è solo un biglietto d'arrivo. Il resto è la notte, le birre, i pub, i ragazzi, il sesso. È questa mandria di stranieri che ha preso d'assedio la città. È vivere come se il futuro fosse solo un'ipotesi. È così che sei diventata un angelo dalla faccia sporca.

I media hanno frugato nei tuoi diari, nelle pagine di My Space, tutte quelle stupide foto, il racconto di quando hai fatto l'amore in treno, in bagno. Tutto. L'americana sexy e noir. Te lo chiedi anche tu.

Chi è davvero questa ragazza di Seattle, che frequentava i pub di Perugia, con quel profumo di morte e passione sulla pelle? Chi è Amanda Knox?

È un romanzo ancora da scrivere, un diario di sesso e amori, è una calzamaglia nera, è un basco turchese e una linguaccia al mondo, è lei che si mangiucchia le unghie, è una sbornia, un sorriso e un seno. È un pullover blu paradiso, una sfilata di maglie a righe orizzontali, bianche, rosa, nere. È una t-shirt *All you need is love*. È l'occhietto che fa a Raffaele la prima volta che si incrociano in aula. È lei che canta in carcere tutta la notte.

È una firma globale, come le tante Amande Knox che trovi su Facebook, quella bionda dell'Universidad Complutense de Madrid, quella di Stockton e quella un po" sovrappeso di Orlando Florida. Sono tante, ovunque, more, cinesi, brasiliane, finlandesi, una miriade di Amande Knox che hanno rubato la sua firma e il suo nome"[4].

Amanda viene messa alla gogna dalla stampa per i suoi atteggiamenti disinibiti che, piacciano o meno, non hanno nessuna attinenza col caso. Questa attenzione morbosa nei confronti del sesso, anzi, di una ragazza che vive la sua sessualità in maniera disinibita e libera, rivela tutta la violenza con cui una parte della società italiana è pronta a giudicare una donna (ma

---

[4] *Amanda, angelo dalla faccia sporca*, Vittorio Macioce, Il Giornale, 5 dicembre 2009.

anche i media inglesi in questo non si sono dimostrati da meno).

E, badate bene, in questo caso si tratta di aspetti che non hanno nessuna attinenza con l'omicidio, cosa ben diversa da quanto successo durante le indagini per l'omicidio di Melania Rea in cui le relazioni extraconiugali del marito sono state considerate dagli inquirenti come un elemento fondamentale delle indagini (e comunque anche questa volta i media hanno dato ampio risalto a tutti gli aspetti più morbosi e sessuali della vicenda).

Anche quanto scritto da Gianni Armand-Pilon sulla stampa è emblematico[5]:

"Qualche giorno dopo salta fuori un secondo fermo immagine, tratto questa volta dal video di un impianto a circuito chiuso. Amanda e Raffaele sono mano nella mano in un negozio di biancheria intima nel centro di Perugia. Il titolare ricorderà: «Sentii le parole di Raffaele ad Amanda: Comprati un perizoma, così

---

[5] *Fenomenologia di Amanda*, di Gianni Armand-Pillon, La Stampa, 5 dicembre 2009.

stanotte facciamo sesso selvaggio». [...]

Con l'arresto, si scatena la caccia alle foto dei due fidanzati. Per trovare quelle dell'americana non bisogna fare molta strada. È tutto su Myspace. Ecco Amanda un po' brilla in auto, Amanda con un kalashnikov giocattolo, Amanda con lo zaino sulle spalle che guarda lontano.

Un'americana giovane e un po' svalvolata, a sentire i suoi fidanzati italiani (e non) che non esitano a mettere in piazza sui giornali, soprattutto britannici, gli affari loro.

Uno racconta: «L'ho conosciuta e siamo andati subito a letto: dopo quella volta, di lei non ho saputo più nulla». Un altro, tale Elis Prenga, albanese, rivela: «Voleva solo sesso, ne era ossessionata. Non è esattamente il tipo di ragazza che pensi di presentare a tua madre» [...].

Le «amiche» non sono da meno: saltano fuori preservativi e un vibratore che si rivelerà, nel corso del processo, nient'altro che un portachiavi di cattivo gusto. Ma tant'è. Ormai il sesso conferisce a quelle foto un motivo in più di interesse. Sui siti web del giornale, saranno per molti mesi le più cliccate".

Credo che non ci sia altro termine se non "violenza" per indicare questo atteggiamento tristemente maschilista di fissare tutta l'attenzione sulla vita sessuale di una ragazza, senza il minimo controllo delle fonti e, anzi, alimentando il voyeurismo perverso andando a pescare in rete fotografie scattate chissà quando che poi vengono presentate in maniera assolutamente decontestualizzata.

Parlare di "Amanda con un Kalashnikov giocattolo" all'interno di un articolo in cui si parla di un caso di omicidio è quantomeno poco corretto da un punto di vista deontologico, dato che potrebbe benissimo trattarsi di una foto scattata ad una festa di carnevale o in qualsiasi altro momento, ma in questo contesto ecco che assume subito una valenza ben precisa.

L'impianto accusatorio del Pubblico Ministero inoltre era ed è basato su un gioco erotico finito male, per questo motivo sarebbe morta la povera Meredith. Ecco allora che il sesso e la sessualità diventano una vera e propria ossessione per la stampa.

Anche questa è violenza di genere, non ci sono dubbi, è una forma di violenza tanto più subdola e sottile che ferisce due volte, che ti marchia a vita e che non ti lascia scampo.

"Meredith sgozzata dopo un'orgia di sesso e droga", così titolava Il Messaggero il 7 novembre 2007[6], quando in realtà non si poteva sapere ancora nulla di certo di quello che era successo in via della Pergola a Perugia.

A essere vittima della violenza dei media sono sempre i più deboli: le donne e, in questo caso, anche gli extracomunitari.

Nessuno o quasi parla di Raffaele Sollecito, giovane di buona famiglia che al processo viene difeso nientemeno che dal celebre Avvocato Bongiorno. La sua è un figura che resta nell'ombra, tanto che la stessa Giulia Bongiorno

---

[6] *Meredith sgozzata dopo un'orgia di sesso e droga*, Italo Carmignani e Vanna Ugolini, Il Messaggero, 7 novembre 2007.

definirà Sollecito "un allegato di Amanda"[7]:

"«Aaa cercasi Raffaele Sollecito. Di lui in questo processo non si sa nulla – continua l'avvocato Bongiorno – è un allegato di Amanda.

Perfino i titoli sui giornali sono stati 'chiesto l'ergastolo per Amanda', come se per Raffaele ci fossero stati sei mesi con la condizionale».

Il legale ricorda quindi le accuse rivolte dai pm alla Knox, «mentre Raffaele non si sa bene a cosa serva». «Lui è un allegatino silenzioso di Amanda.

Sono costretta a parlare di lei – continua sorridendo – anche se non sono il suo difensore.

E non credo che riceverò alcun compenso dalla sua famiglia» […]".

Ma ho parlato anche di violenza nei confronti degli extracomunitari, in questo caso nei confronti di Patrick Lumumba, come io e

---

[7] *Processo Meredith, parla la difesa Sollecito*, intervista a Giulia Bongiorno, La Repubblica, 30 novembre 2009.

Jacopo Pezzan abbiamo evidenziato nel nostro lavoro dedicato all'omicidio di Perugia.

La violenza più brutale però è senza dubbio quella che ha subito Meredith Kercher. Non solo è stata vittima di un omicidio destinato probabilmente a restare a lungo avvolto nel mistero (ricordiamo che Rudy Guede è stato condannato per concorso in omicidio mentre i suoi presunti complici sono stati assolti), ma è stata ben presto dimenticata dalla stampa, come tante altre vittime innocenti prima di lei.

Nessuno si è preso la briga di raccontare chi fosse questa ragazza sfortunata, una ragazza che tutti descrivono come allegra e solare, una ragazza che è stata assassinata in maniera barbara ed atroce. Una situazione davvero insostenibile poi è stata quella vissuta dalla famiglia Kercher, come abbiamo già avuto modo di vedere.

In conclusione dunque credo la società dovrebbe fare una riflessione profonda sulle diverse forme di violenza che possono colpire i soggetti più deboli, tanto più subdole perché spesso non vengono nemmeno percepite come tali. Inutile parlare di deontologia professionale o di senso della misura e della responsabilità da parte della stampa, come ho già ricordato ormai l'unica cosa che conta è il numero di copie vendute.

Piuttosto credo sia importante lavorare perché il pubblico sviluppi una coscienza critica e si renda conto, quando si confronta con episodi di questo tipo, che si tratta di episodi di violenza.

JACOPO PEZZAN & GIACOMO BRUNORO

Entrambi padovani, Pezzan e Brunoro si sono conosciuti sui banchi del liceo nei primi anni '90.

Hanno raccontato i misteri italiani, i delitti del vaticano, le storie nere dei serial killer e i più celebri fatti di cronaca nera legati alle icone pop contemporanee in una serie di libri, ebook e audiolibri.

Il loro podcast, TRUE CRIME DIARIES, è disponibile nelle principali piattaforme digitali.

LA CASE BOOKS

LA CASE Books è un progetto editoriale nato nel 2010 da un'idea di Jacopo Pezzan e Giacomo Brunoro. Agli inizi del 2010 Pezzan, che vive a Los Angeles, capisce che quella dell'editoria digitale. non è una semplice scommessa sul futuro ma una realtà concreta.

Così, quando in Italia non era ancora possibile acquistare ebook su iTunes, e Kindle Store era attivo soltanto negli USA, LA CASE Books inizia a pubblicare ebook e audiolibri in italiano e in inglese sul mercato mondiale.

Nel 2020, per festeggiare i primi dieci anni di attività della casa editrice, iniziano anche le pubblicazioni in formato cartaceo.

Dal 2010 a oggi LA CASE Books ha pubblicato più di 1.500 titoli tra libri cartacei, ebook e audiolibri in inglese, italiano, tedesco, francese, spagnolo, russo e polacco, ed è presente in tutti i più importanti digital store internazionali.

www.lacasebooks.com

AMANDA KNOX E IL DELITTO DI PERUGIA
Jacopo Pezzan e Giacomo Brunoro

ISBN 978-1-953546-09-8

Copyright © 2022 LA CASE
Tutti i diritti riservati

LA CASE Books
PO BOX 931416, Los Angeles, CA, 90093
info@lacasebooks.com || www.lacasebooks.com

Nessuna parte di questo libro può essere riprodotta o archiviata in un sistema di recupero né trasmessa in qualsivoglia forma o mediante qualsiasi mezzo, elettronico, meccanico, tramite fotocopie o registrazioni o in altro modo, senza l'autorizzazione scritta esplicita dell'editore.

www.ingramcontent.com/pod-product-compliance
Lightning Source LLC
LaVergne TN
LVHW051748080426
835511LV00018B/3268